Impressum
Verlag: BABADADA GmbH, Nedderfeld 112 , 22529 Hamburg
Geschäftsführer / Verlagsleitung: Harald Hof
Druck: Books on Demand GmbH, In de Tarpen 42, 22848 Norderstedt

Imprint
Publisher: BABADADA GmbH, Nedderfeld 112 , 22529 Hamburg, Germany
Managing Director / Publishing direction: Harald Hof
Print: Books on Demand GmbH, In de Tarpen 42, 22848 Norderstedt, Germany

skola

escuela

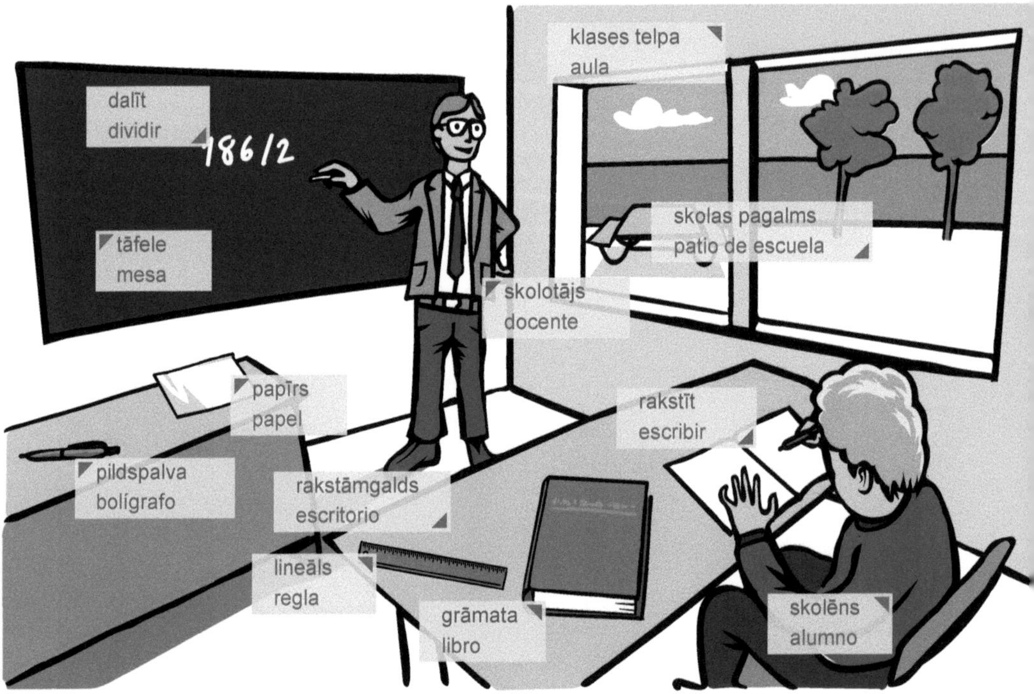

klases telpa
aula
dalīt
dividir
186/2
tāfele
mesa
skolas pagalms
patio de escuela
skolotājs
docente
papīrs
papel
rakstīt
escribir
pildspalva
bolígrafo
rakstāmgalds
escritorio
lineāls
regla
grāmata
libro
skolēns
alumno

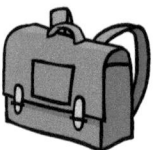

skolas soma

mochila escolar

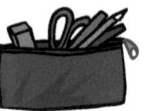

penālis

caja de lápices

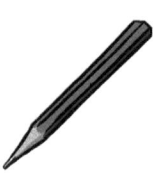

zīmulis

lápiz

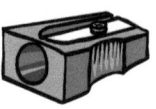

zīmuļu asināmais

sacapuntas

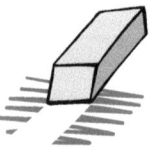

dzēšgumija

goma de borrar

zīmēšanas bloks

bloc de dibujo

zīmējums

dibujo

ota

pincel

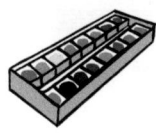

krāsas

caja de pinturas

šķēres

tijera

līme

pegamento

darba burtnīca

libro de ejercicios

mājas darbs

tarea

skaitlis

número

saskaitīt

sumar

atņemt

restar

reizināt

multiplicar

rēķināt

calcular

burts

letra

alfabēts

alfabeto

vārds

palabra

teksts

texto

lasīt

leer

krīts

tiza

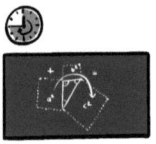

mācību stunda

lección

žurnāls

libro de clase

eksāmens

examen

liecība

certificado

skolas forma

uniforme escolar

izglītība

educación

enciklopēdija

enciclopedia

universitāte

universidad

mikroskops

microscopio

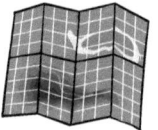

karte

mapa

papīrgrozs

cesto de papeles

viesnīca
hotel

Grand

hostelis
albergue

ROOMS

valūtas maiņas punkts
casa de cambio

EXCHANGE

čemodāns
maleta

automašīna
auto

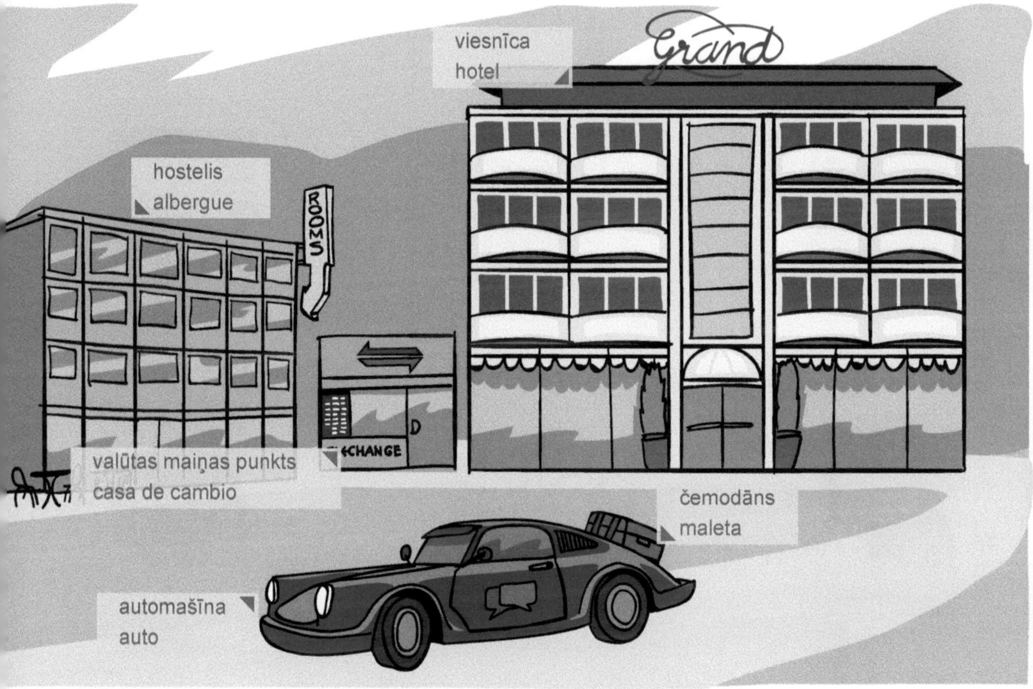

Valoda
....
idioma

jā / nē
....
sí / no

Okay
....
ok

Sveiki!
....
hola

tulks
....
intérprete

paldies
....
gracias

Cik maksā…?

¿Cuánto cuesta…?

Es nesaprotu

No entiendo

problēma

problema

Labvakar!

¡Buenas tardes!

Labrīt!

¡Buenos días!

Ar labu nakti!

¡Buenas noches!

Uz redzēšanos

adiós

virziens

dirección

bagāža

equipaje

soma

bolso

mugursoma

mochila

viesis

invitado

istaba

cuarto

guļammaiss

saco de dormir

telts

tienda de campaña

tūrisma informācija

información al turista

pludmale

playa

kredītkarte

tarjeta de crédito

brokastis

desayuno

pusdienas

almuerzo

vakariņas

cena

biļete

pasaje

lifts

ascensor

pastmarka

sello

robeža

límite

muita

aduana

vēstniecība

embajada

vīza

visa

pase

pasaporte

transports
transporte

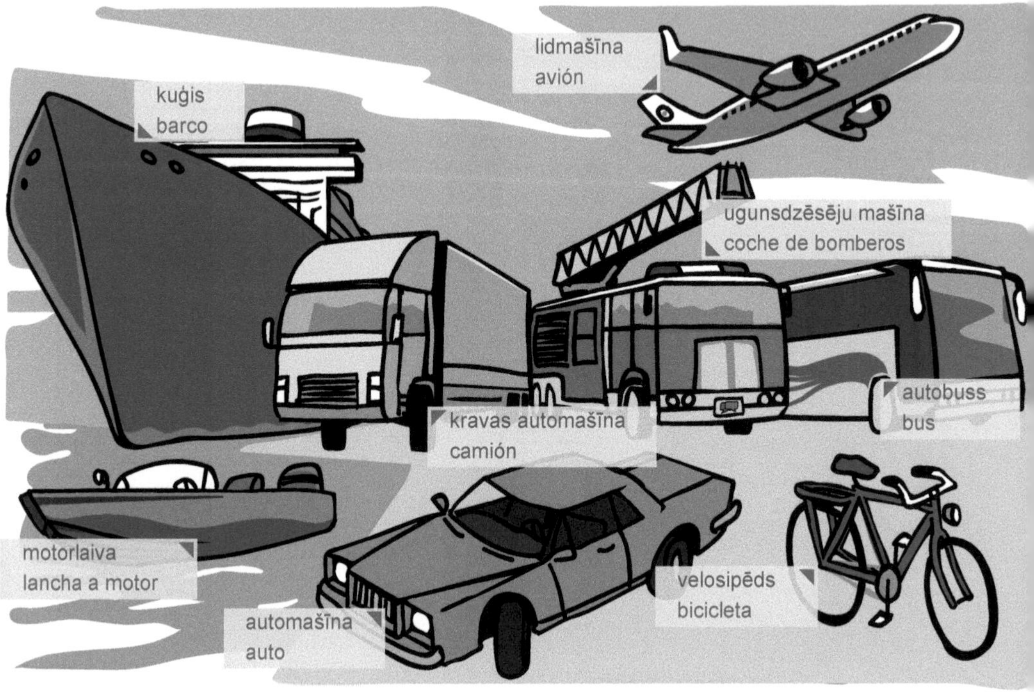
lidmašīna
avión
kuģis
barco
ugunsdzēsēju mašīna
coche de bomberos
autobuss
bus
kravas automašīna
camión
motorlaiva
lancha a motor
velosipēds
bicicleta
automašīna
auto

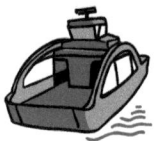

prāmis

balsa

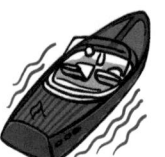

laiva

lancha

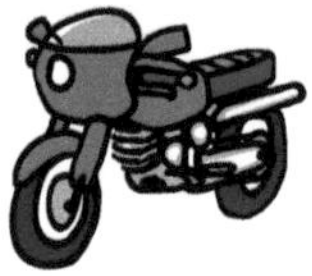

motocikls

motocicleta

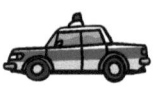

policijas automašīna

auto de policía

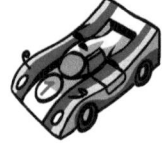

sacīkšu automobilis

auto de carreras

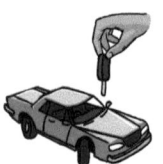

nomas auto

auto de alquiler

auto koplietošana

alquiler de autos

evakuators

grúa

atkritumu mašīna

vehículo recolector de basura

dzinējs

motor

benzīns

gasolina

degvielas uzpildes stacija

gasolinera

ceļa zīme

señal de tráfico

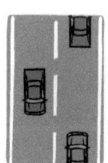

satiksme

tránsito

sastrēgums

atasco

stāvvieta

estacionamiento

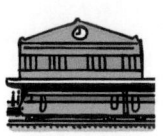

dzelzceļa stacija

estación de tren

sliedes

carril

vilciens

tren

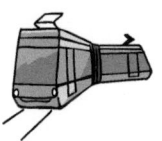

tramvajs

tranvía

vagons

vagón

helikopters

helicóptero

lidosta

aeropuerto

tornis

torre

pasažieris

pasajero

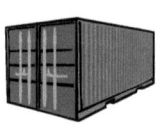

konteiners

contenedor

kaste

caja de cartón

ratiņi

carro

grozs

cesta

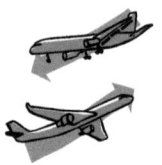

pacelties / nosēsties

despegar / aterrizar

pilsēta
ciudad

ciems

aldea

pilsētas centrs

centro de la ciudad

māja

casa

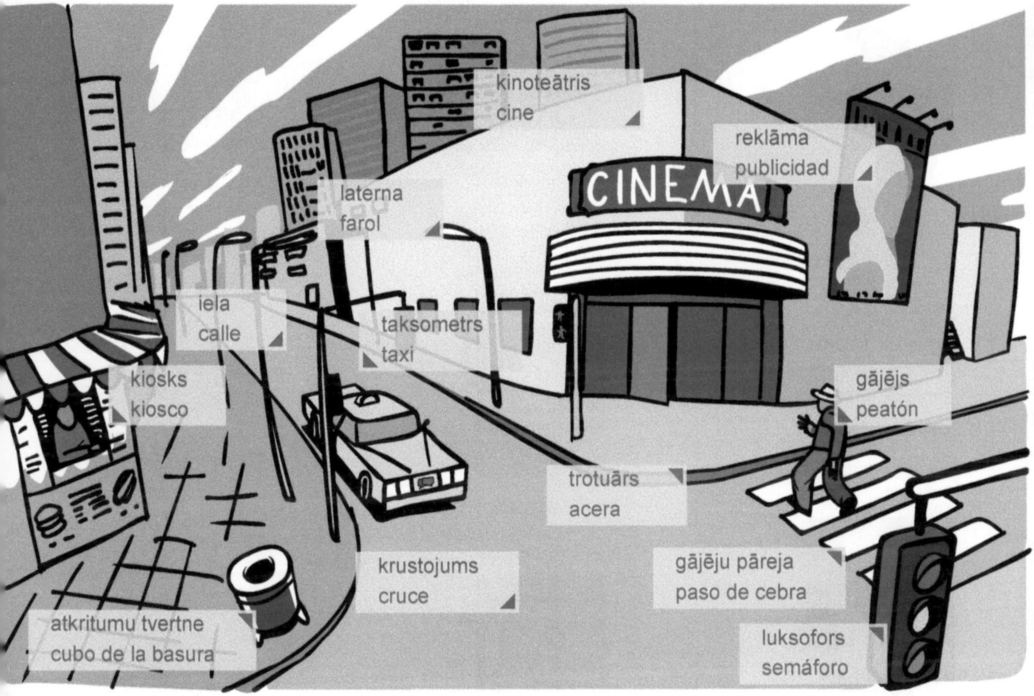

kinoteātris
cine
reklāma
publicidad
CINEMA
laterna
farol
iela
calle
taksometrs
taxi
kiosks
kiosco
gājējs
peatón
trotuārs
acera
krustojums
cruce
gājēju pāreja
paso de cebra
atkritumu tvertne
cubo de la basura
luksofors
semáforo

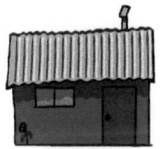

būda

cabaña

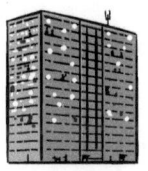

dzīvoklis

apartamento

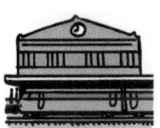

dzelzceļa stacija

estación de tren

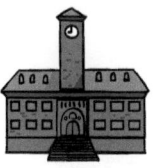

rātsnams

ayuntamiento

MUSEUM

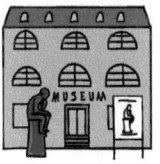

muzejs

museo

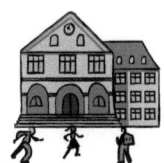

skola

escuela

universitāte

universidad

banka

banco

slimnīca

hospital

viesnīca

hotel

aptieka

farmacia

birojs

oficina

grāmatnīca

librería

veikals

negocio

ziedu veikals

florería

lielveikals

supermercado

tirgus

mercado

tirdzniecības centrs

grandes almacenes

zivju tirgotājs

pescadería

tirdzniecības centrs

centro comercial

osta

puerto

parks
parque

sols
banco

tilts
puente

kāpnes
escalera

metro
metro

tunelis
túnel

autobusa pieturvieta
parada de autobuses

bārs
bar

restorāns
restaurante

pastkastīte
buzón de correo

ielas nosaukuma plāksne
letrero

stāvlaika skaitītājs
parquímetro

zooloģiskais dārzs
zoológico

peldbaseins
piscina

mošeja
mezquita

zemnieku saimniecība

granja

vides piesārņojums

polución

kapsēta

cementerio

baznīca

iglesia

spēļu laukums

parque infantil

templis

templo

ainava

paisaje

lapa
hoja

ceļrādis
indicador de camino

ceļš
sendero

pļava
pradera

akmens
piedra

koks
árbol

ceļotājs
caminante

upe
río

zāle
pasto

puķe
flor

ieleja
valle

kalns
montaña

ezers
lago

mežs
bosque

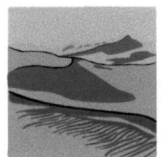

tuksnesis
desierto

vulkāns
volcán

pils
castillo

varavīksne
arco iris

sēne
seta

palma
palmera

moskīts
mosquito

muša
mosca

skudra
hormiga

bite
abeja

zirneklis
araña

vabole
escarabajo

varde
rana

vāvere
ardilla

ezis
erizo

zaķis
liebre

pūce
lechuza

putns
pájaro

gulbis
cisne

meža cūka
jabalí

briedis
ciervo

alnis
alce

aizsprosts
embalse

vēja ģenerators
aerogenerador

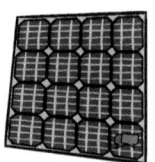

saules baterija
módulo solar

klimats
clima

restorāns
restaurante

viesmīlis
camarero
ēdienkarte
carta del menú
krēsls
silla
zupa
sopa
pica
pizza
galdauts
mantel
galda piederumi
cubiertos

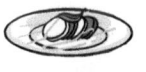

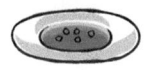

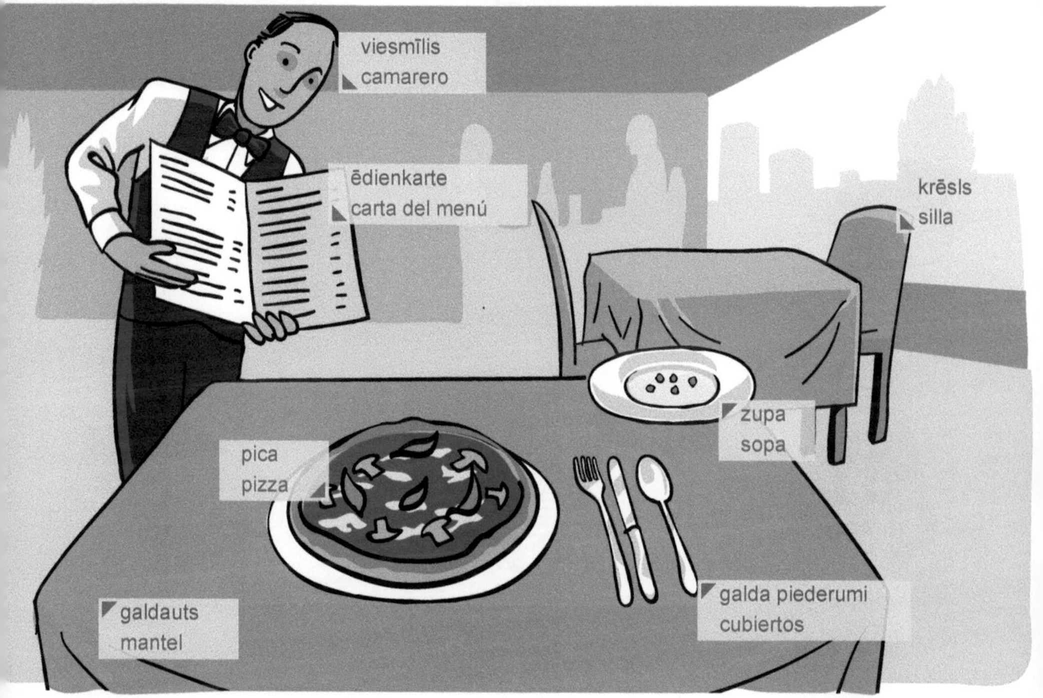

uzkoda

entrada

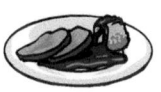

pamatēdiens

plato principal

deserts

postre

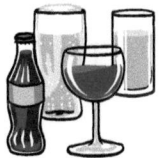

dzērieni

bebida

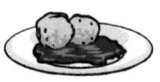

ēdiens

comida

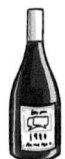

pudele

botella

ātrās uzkodas

comida rápida

ielu uzkodas

comida callejera

tējkanna

tetera

cukurtrauks

azucarera

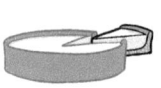

porcija

porción

espresso kafijas automāts

máquina de espresso

bāra krēsls

silla alta

rēķins

factura

paplāte

bandeja

nazis

cuchillo

dakša

tenedor

karote

cuchara

tējkarote

cuchara de té

salvete

servilleta

glāze

vaso

restorāns - restaurante

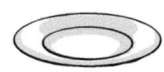

šķīvis

plato

zupas šķīvis

plato de sopa

apakštase

platillo

mērce

salsa

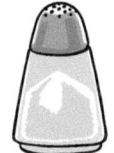

sāls trauciņš

salero

piparu dzirnaviņas

molinillo para pimienta

etiķis

vinagre

eļļa

aceite

garšvielas

especias

kečups

ketchup

sinepes

mostaza

majonēze

mayonesa

lielveikals
supermercado

piedāvājums
oferta
FOR
klients
cliente
piena produkti
productos lácteos
augļi
fruta
iepirkumu ratiņi
carrito de compras

BUTCHERS

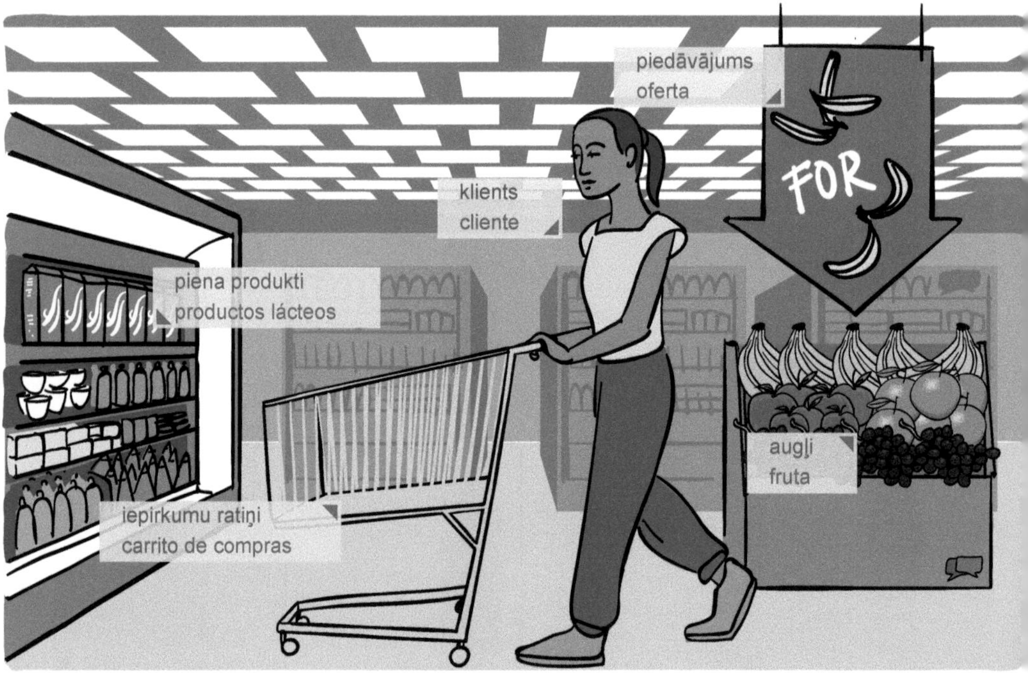

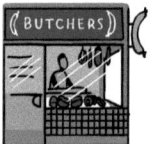

kautuve

carnicería

BAKERY

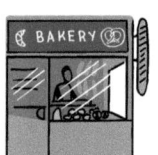

maizes veikals

panadería

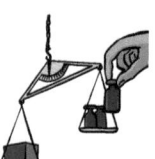

svērt

pesar

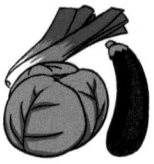

dārzeņi

verdura

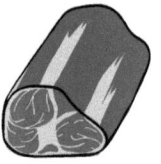

gaļa

carne

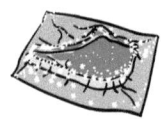

saldēti produkti

alimentos congelados

aukstās gaļas uzkodas
fiambre

konservi
conservas

pulveris
detergente en polvo

saldumi
dulces

mājsaimniecības preces
artículos domésticos

tīrīšanas līdzeklis
productos de limpieza

pārdevēja
vendedora

kase
caja

kasieris
cajero

iepirkumu saraksts
lista de compras

darba laiks
horario de atención

maks
cartera

kredītkarte
tarjeta de crédito

soma
maleta

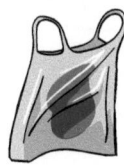

maisiņš
bolsa plástica

ūdens

agua

sula

jugo

piens

leche

kola

refresco de cola

vīns

vino

alus

cerveza

alkohols

alcohol

kakao

cacao

tēja

té

kafija

café

espresso

espresso

kapučīno

cappuccino

banāns

banana

ābols

manzana

apelsīns

naranja

melone

sandía

citrons

limón

burkāns

zanahoria

ķiploks

ajo

bambuss

bambú

sīpols

cebolla

sēne

seta

rieksti

nueces

makaroni

fideos

spageti	rīsi	salāti
espagueti	arroz	ensalada

frī kartupeļi	cepti kartupeļi	pica
patatas fritas	patatas salteadas	pizza

hamburgers	sviestmaize	šnicele
hamburguesa	sándwich	escalope
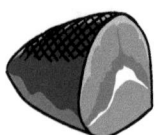		
šķiņķis	salami	desa
jamón	salame	embutido

vista	cepetis	zivs
pollo	asado	pescado

auzu pārslas

copos de avena

muslis

musli

brokastu pārslas

copos de maíz tostado

milti

harina

radziņš

croissant

brokastu maizītes

panecillo

maize

pan

tostermaize

tostada

cepumi

galletas

sviests

mantequilla

biezpiens

cuajada

kūka

pastel

ola

huevo

cepta ola

huevo frito

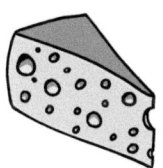

siers

queso

saldējums

helado

cukurs

azúcar

medus

miel

marmelāde

mermelada

riekstu krēms

praliné

karijs

curry

ēdiens - comida

zemnieku saimniecība
granja

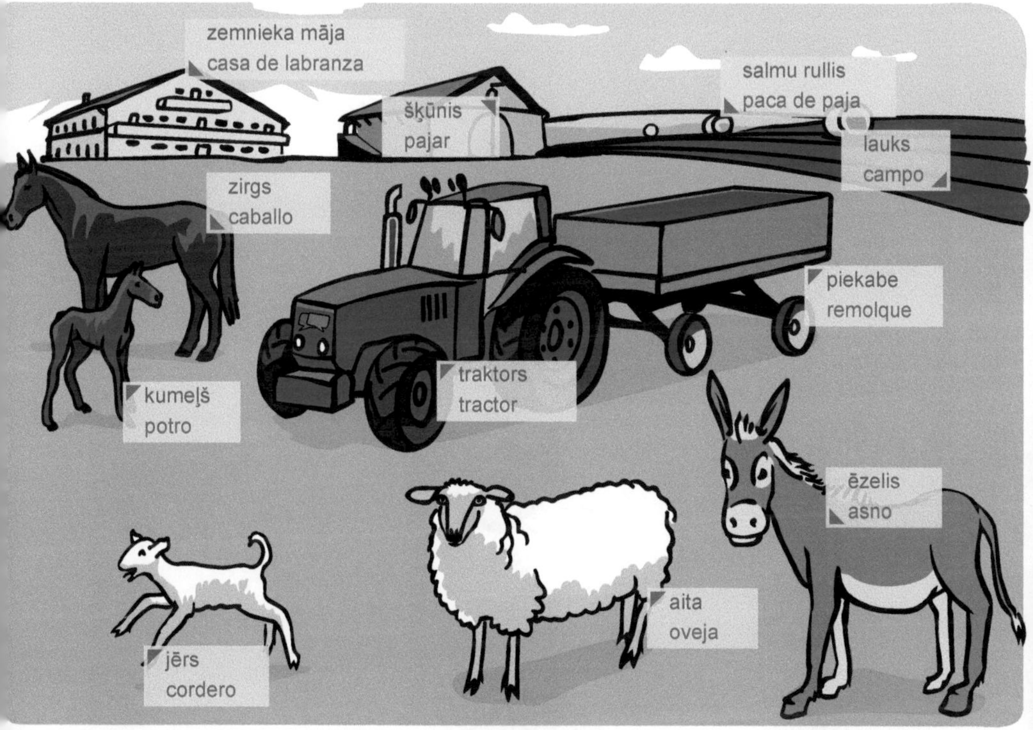

zemnieka māja
casa de labranza
šķūnis
pajar
salmu rullis
paca de paja
lauks
campo
zirgs
caballo
piekabe
remolque
kumeļš
potro
traktors
tractor
ēzelis
asno
aita
oveja
jērs
cordero

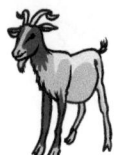

kaza

cabra

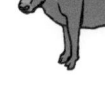

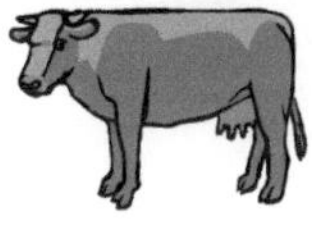

govs

vaca

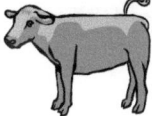

teļš

ternero

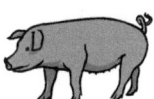

cūka

cerdo

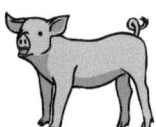

sivēns

lechón

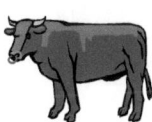

bullis

toro

zoss
ganso

pīle
pato

cālis
polluelo

vista
pollo

gailis
gallo

žurka
rata

kaķis
gato

pele
ratón

vērsis
buey

suns
perro

suņa būda
caseta del perro

dārza šļūtene
manguera de riego

lejkanna
regadera

izkapts
guadaña

arkls
arado

sirpis
....
hoz

kaplis
....
azada

mēslu dakša
....
bieldo

cirvis
....
hacha

ķerra
....
carretilla

sile
....
abrevadero

piena kanna
....
lechera

maiss
....
saco

žogs
....
cerca

kūts
....
establo

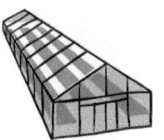

siltumnīca
....
invernadero

augsne
....
suelo

sēklas
....
semilla

mēslojums
....
fertilizante

kombains
....
cosechadora

novākt ražu

cosechar

raža

cosecha

jamss

raíz de ñame

kvieši

trigo

soja

soja

kartupelis

patata

kukurūza

maíz

rapsis

colza

augļu koks

Árbol frutal

manioka

mandioca

labība

cereales

māja

casa

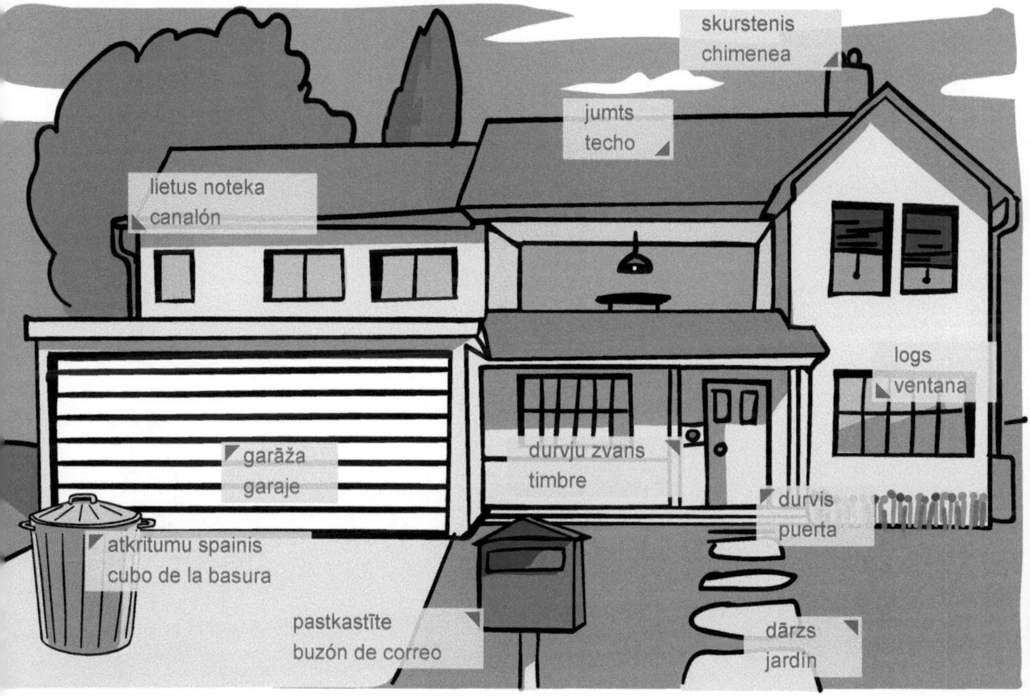
skurstenis
chimenea
jumts
techo
lietus noteka
canalón
logs
ventana
garāža
garaje
durvju zvans
timbre
durvis
puerta
atkritumu spainis
cubo de la basura
pastkastīte
buzón de correo
dārzs
jardín

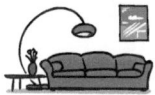

viesistaba

cuarto de estar

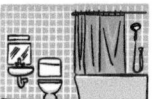

vannas istaba

cuarto de baño

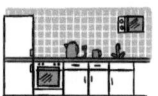

virtuve

cocina

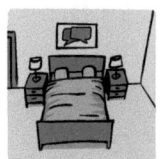

guļamistaba

dormitorio

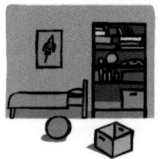

bērnu istaba

cuarto de los niños

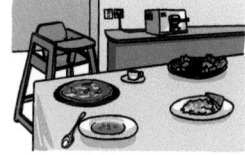

ēdamistaba

comedor

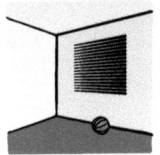

grīda
piso

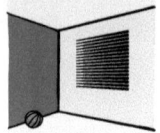

siena
pared

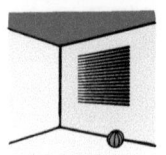

griesti
cielorraso

pagrabs
sótano

sauna
sauna

balkons
balcón

terase
terraza

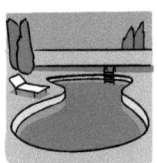

baseins
piscina

zāles pļāvējs
cortacésped

gultas veļa
funda nórdica

sega
edredón

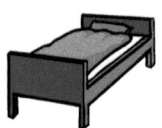

gulta
cama

slota
escoba

spainis
cubo

slēdzis
interruptor

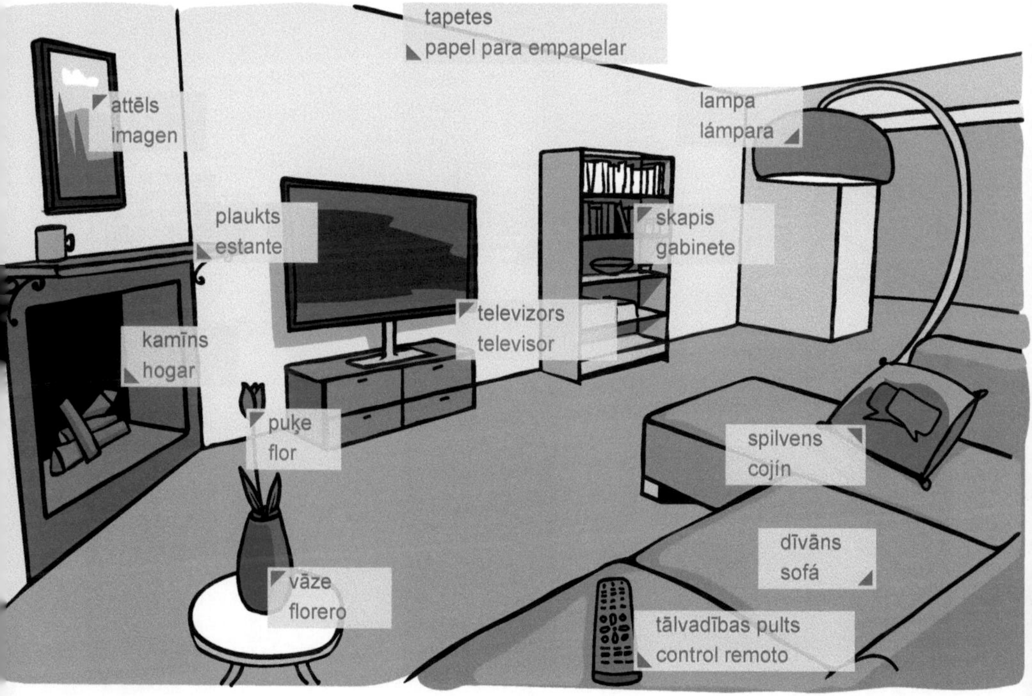

tapetes
papel para empapelar

attēls
imagen

lampa
lámpara

plaukts
estante

skapis
gabinete

kamīns
hogar

televizors
televisor

puķe
flor

spilvens
cojín

dīvāns
sofá

vāze
florero

tālvadības pults
control remoto

paklājs
·················
alfombra

aizkars
·················
cortina

galds
·················
mesa

krēsls
·················
silla

šūpuļkrēsls
·················
mecedora

atpūtas krēsls
·················
sillón

grāmata

libro

sega

frazada

dekorācija

decoración

malka

leña

filma

film

mūzikas centrs

equipo estereofónico

atslēga

llave

avīze

periódico

glezna

cuadro

plakāts

póster

radio

radio

pierakstu blociņš

bloc de notas

putekļu sūcējs

aspiradora

kaktuss

cactus

svece

vela

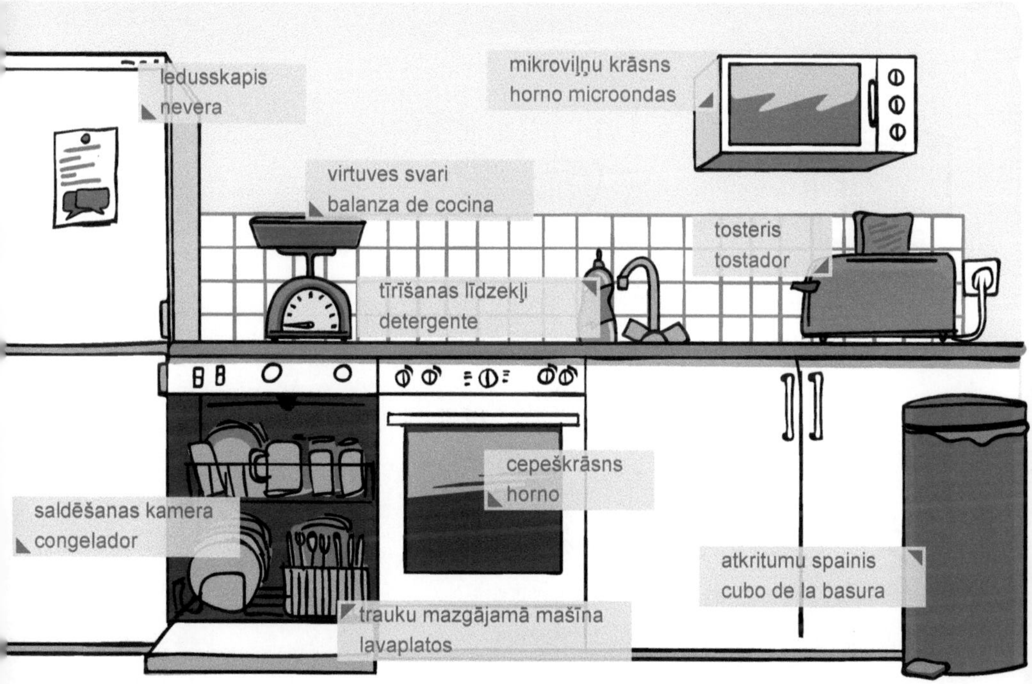

ledusskapis
nevera

mikroviļņu krāsns
horno microondas

virtuves svari
balanza de cocina

tosteris
tostador

tīrīšanas līdzekļi
detergente

cepeškrāsns
horno

saldēšanas kamera
congelador

atkritumu spainis
cubo de la basura

trauku mazgājamā mašīna
lavaplatos

plīts
cocina

pods
olla

katls
olla de fundición de hierro

Wok panna
wok / kadai

panna
sartén

elektriskā tējkanna
hervidor de agua

tvaika katls

olla de vapor

cepešpanna

bandeja de horno

trauki

vajilla

krūze

vaso

bļoda

bol

irbulīši

palillos para comer

kauss

cucharón de sopa

lāpstiņa

espátula

putošanas slotiņa

batidor

sietiņš

colador

siets

cedazo

rīve

rallador

piesta

mortero

grilēt

parrillada

atklāts pavards

fogata

dēlis

tabla de picar

mīklas rullis

rodillo

korķu vilķis

sacacorchos

bundža

lata

konservu nazis

abrelatas

virtuves cimdi

agarrador

izlietne

fregadero

birste

cepillo

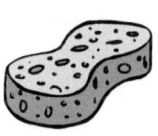

sūklis

esponja

mikseris

batidora

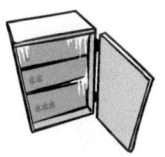

saldētava

arcón congelador

bērna pudelīte

biberón

ūdenskrāns

grifo

vannas istaba
cuarto de baño

apkure
calefacción
dvielis
toalla
duša
ducha
dušas aizkari
cortina para ducha
vannas putas
baño de espuma
vanna
bañera
glāze
vaso
veļas mašīna
lavadora
ūdenskrāns
grifo
flīzes
baldosa
podiņš
orinal
izlietne
fregadero

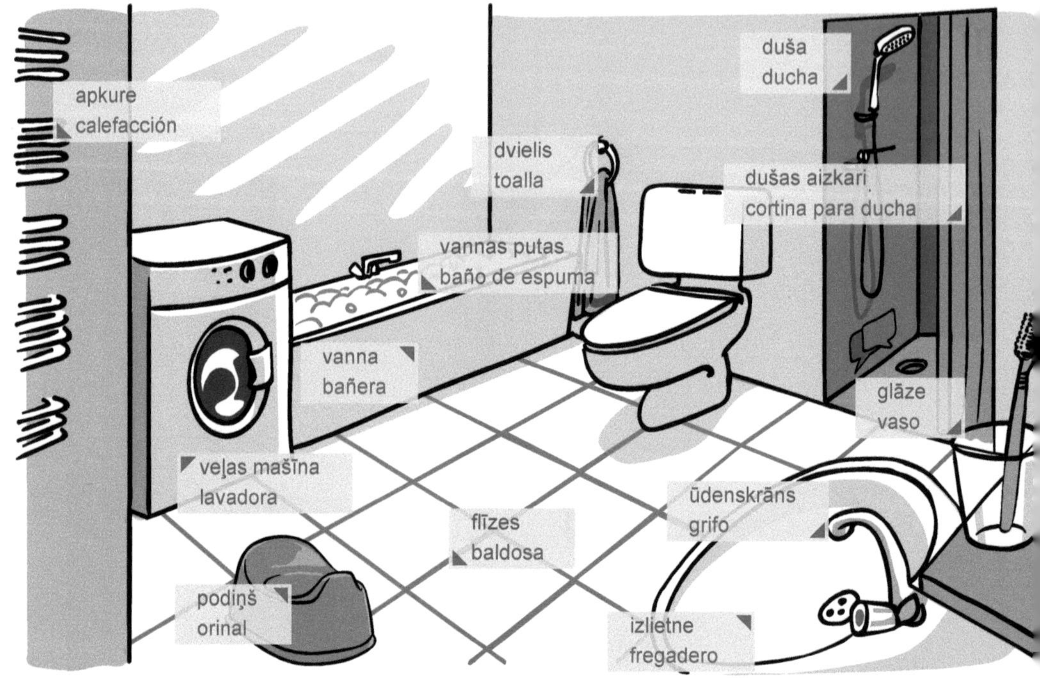

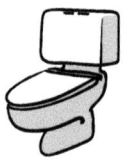

tualetes pods

cuarto de baño

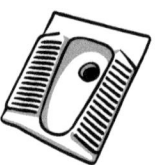

Āzijas tipa tualete

placa turca

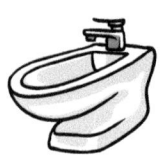

bidē

bidé

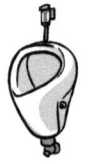

pisuārs

urinario

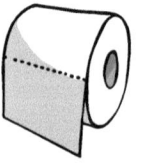

tualetes papīs

papel higiénico

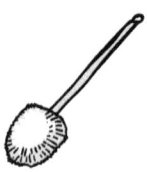

tualetes birste

escobilla para el cuarto de baño

zobu birste

cepillo de dientes

zobu pasta

pasta dentífrica

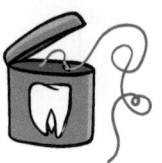

zobu diegs

seda dental

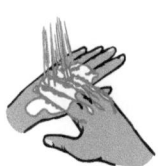

mazgāt

lavar

rokas duša

ducha teléfono

duša

ducha higiénica

bļoda

cuenco

muguras mazgāšanas birste

cepillo para la espalda

ziepes

jabón

dušas želeja

gel de ducha

šampūns

champú

mazgāšanas drāna

manopla para baño

noteka

desagüe

krēms

crema

dezodorants

desodorante

spogulis

espejo

spogulītis

espejo de maquillaje

skuveklis

máquina de afeitar

skūšanās putas

espuma de afeitar

losjons pēc skūšanās

loción para después del afeitado

ķemme

peine

matu suka

cepillo

matu fēns

secador para cabello

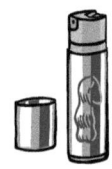

matu laka

laca de peinado

grima komplekts

maquillaje

lūpu krāsa

lápiz labial

nagulaka

laca para uñas

vate

algodón

šķērītes

tijera para uñas

smaržas

perfume

kosmētikas maks

neceser

ķeblītis

taburete

svari

balanza

halāts

bata de baño

tīrīšanas cimdi

guantes de goma

tampons

tampón

pakete

compresa

ķīmiskā tualete

wáter químico

bērnu istaba
cuarto de los niños

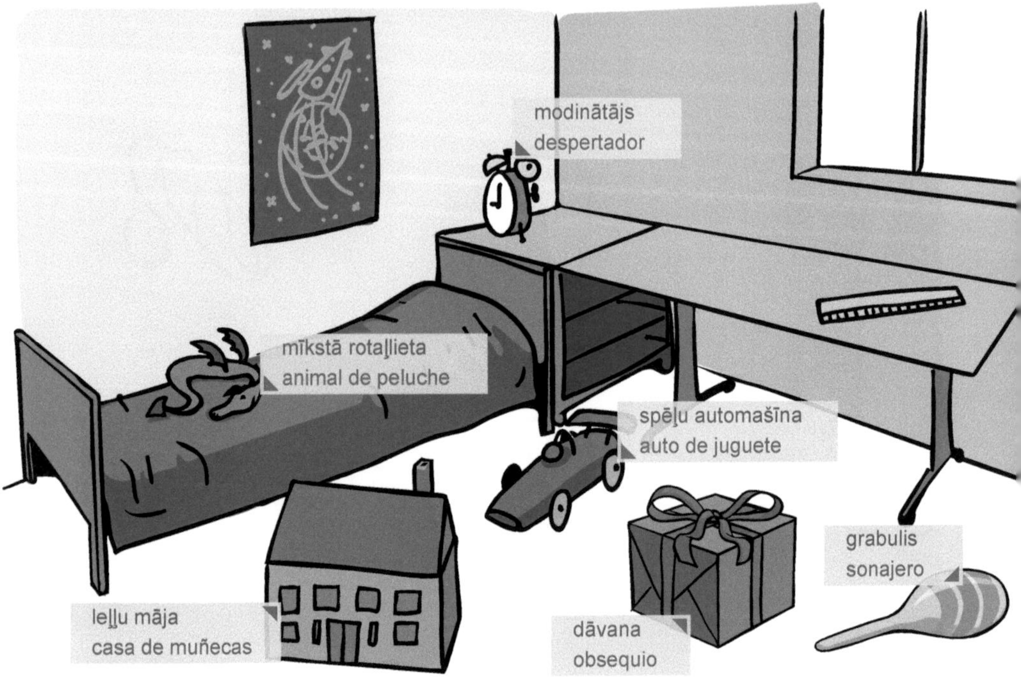

modinātājs
despertador
mīkstā rotaļlieta
animal de peluche
spēļu automašīna
auto de juguete
grabulis
sonajero
leļļu māja
casa de muñecas
dāvana
obsequio

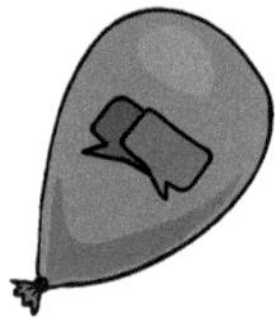

balons
globo

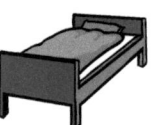

gulta
cama

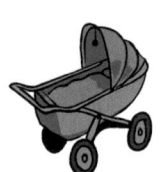

bērnu ratiņi
cochecito para niños

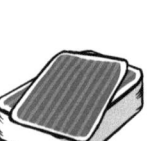

kārtis
juego de barajas

puzle
rompecabezas

SUPER MEGA

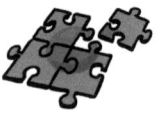

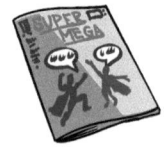

komikss
cómic

LEGO klucīši

piezas de Lego

klucīši

bloques para jugar

varoņu figūra

figura de acción

rāpulītis

pijama de una pieza

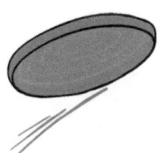

lidojošais šķīvītis

frisbee

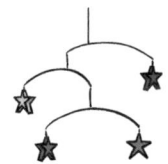

muzikālais karuselis

móvil

galda spēle

juego de mesa

metamais kauliņš

dado

rotaļu dzelzceļš

tren eléctrico a escala

māneklis

chupete

ballīte

fiesta

bilžu grāmata

libro de dibujos

bumba

pelota

lelle

títere

spēlēt

jugar

smilšu kaste

arenero

šūpoles

columpio

rotaļlietas

juguetes

spēļu konsole

consola de videojuego

trīsritenis

triciclo

plīša lācītis

osito de peluche

drēbju skapis

guardarropa

apģērbs
vestimenta

īszeķes

calcetines

zeķes

medias

zeķbikses

panti

šalle
chal

siksna
cinturón

lietussargs
paraguas

T-krekls
camiseta

botas
deportivas

zābaks
botas

čības
zapatilla

sandales
....
sandalias

kurpes
....
zapatos

gumijas zābaki
....
botas de goma

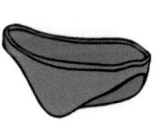

apakšbikses
....
ropa interior

krūšturis
....
corpiño

apakškrekls
....
camiseta

bodijs

body

bikses

pantalón

džinsi

jeans

svārki

falda

blūze

blusa

krekls

camisa

pulovers

pullover

džemperis

sweater

žakete

blazer

jaka

chaqueta

mētelis

abrigo

lietus mētelis

impermeable

kostīms

traje chaqueta

kleita

vestido

kāzu kleita

vestido de bodas

uzvalks

traje

naktskrekls

camisón

pidžama

pijama

sari

sari

lakats

pañuelo de cabeza

turbāns

turbante

burka

burka

kaftāns

caftán

abaja

abaya

peldkostīms

traje de baño

peldbikses

bañador

šorti

shorts

treniņtērps

chándal

priekšauts

delantal

cimdi

guante

poga

botón

brilles

gafa

rokassprādze

brazalete

kaklarota

cadena

gredzens

anillo

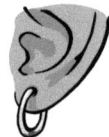

auskars

aro

cepure

gorra

drēbju pakaramais

percha

platmale

sombrero

kaklasaite

corbata

rāvējslēdzējs

cierre a cremallera

ķivere

casco

bikšturi

tiradores

skolas forma

uniforme escolar

uniforma

uniforme

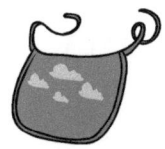

priekšautiņš

babero

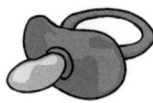

māneklis

chupete

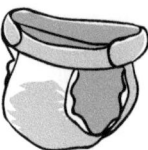

autiņbiksītes

pañal

birojs

oficina

serveris
servidor
dokumentu skapis
archivador
papīrs
papel
printeris
impresora
monitors
monitor
rakstāmgalds
escritorio
pele
ratón
dokumentu vāki
carpeta
klaviatūra
teclado
papīrgrozs
cesto de papeles
dators
ordenador
krēsls
silla

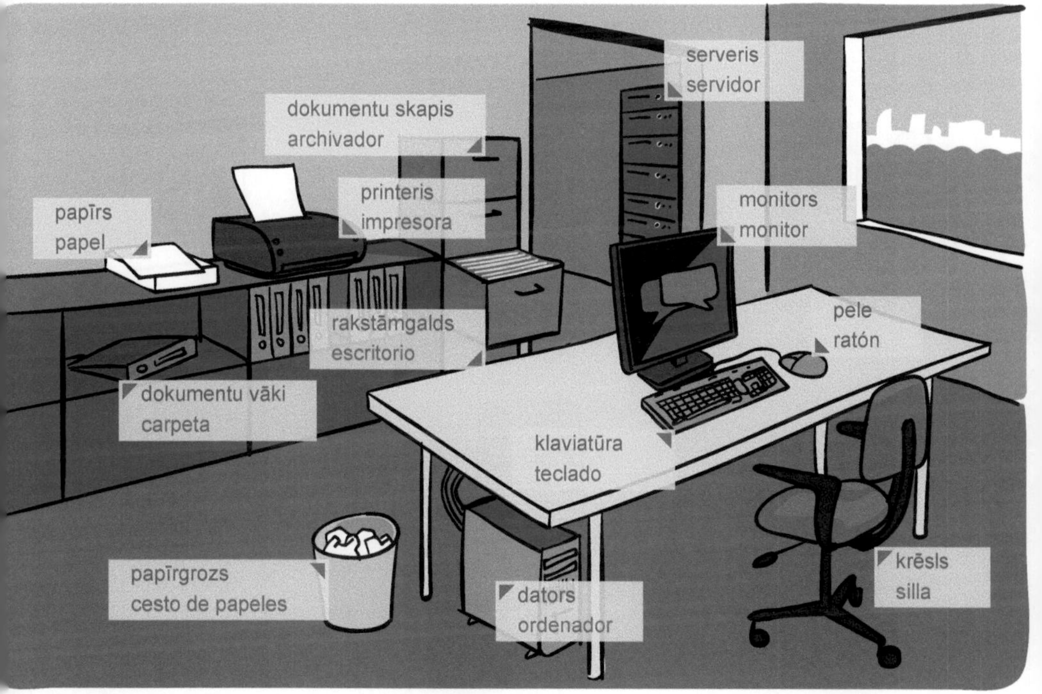

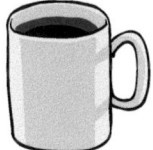

kafijas krūze

taza de café

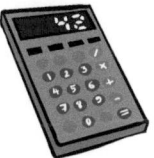

kalkulators

calculadora

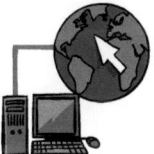

internets

internet

portatīvais dators

laptop

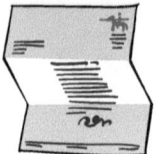

vēstule

carta

ziņa

mensaje

mobilais tālrunis

teléfono móvil

tīkls

red

kopētājs

fotocopiadora

programmatūra

software

telefons

teléfono

rozete

tomacorriente

faksa aparāts

máquina de fax

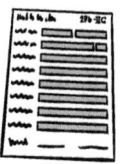

formulārs

formulario

dokuments

documento

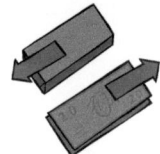

pirkt

comprar

samaksāt

pagar

tirgot

comerciar

nauda

dinero

dolārs

dólar

eiro

euro

jēna

yen

rublis

rublo

franks

franco

juaņa renminbi

renminbi

rūpija

rupia

bankomāts

cajero automático

valūtas maiņas punkts

casa de cambio

zelts

oro

sudrabs

plata

nafta

petróleo

enerģija

energía

cena

precio

līgums

contrato

nodoklis

impuesto

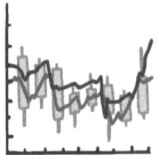

akcija

acción

strādāt

trabajar

darbinieks

empleado

darba devējs

empleador

fabrika

fábrica

veikals

negocio

policists
policía

ugunsdzēsējs
bombero

pavārs
cocinero

ārsts
médico

pilots
piloto

dārznieks
jardinero

galdnieks
carpintero

šuvēja
costurera

tiesnesis
juez

ķīmiķis
químico

aktieris
actor

autobusa vadītājs

conductor de autobús

taksometra vadītājs

taxista

zvejnieks

pescador

apkopēja

mujer de la limpieza

jumiķis

techista

viesmīlis

camarero

mednieks

cazador

gleznotājs

pintor

maiznieks

panadero

elektriķis

electricista

celtnieks

albañil

inženieris

ingeniero

miesnieks

carnicero

skārdnieks

fontanero

pastnieks

cartero

karavīrs

soldado

arhitekts

arquitecto

kasieris

cajero

florists

florista

frizieris

peluquero

konduktors

cobrador

mehāniķis

mecánico

kapteinis

capitán

zobārsts

odontólogo

zinātnieks

científico

rabīns

rabino

imāms

imam

mūks

monje

mācītājs

párroco

instrumenti

herramientas

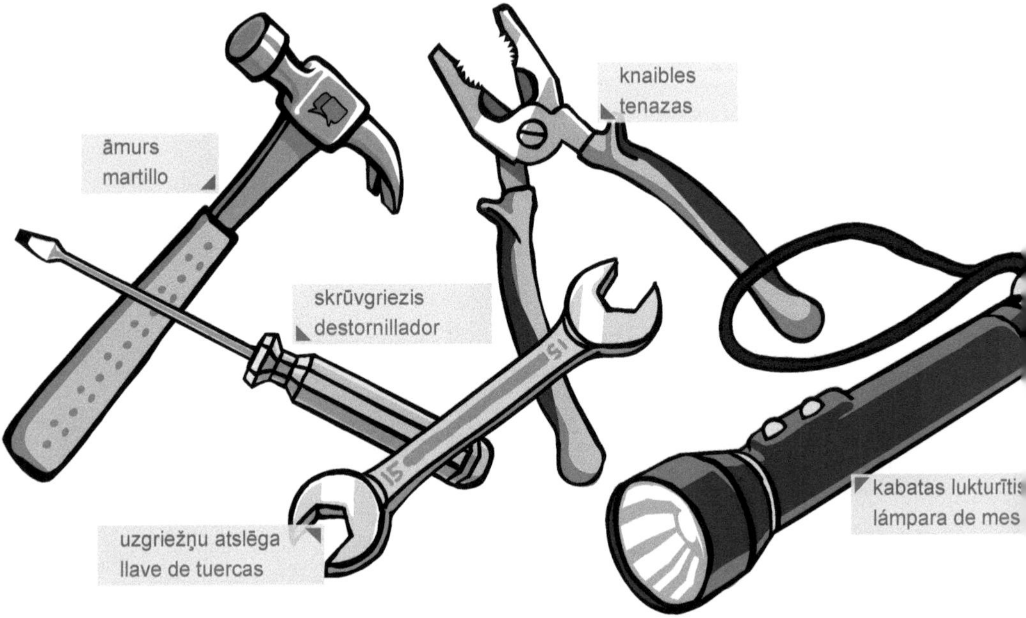
knaibles
tenazas
āmurs
martillo
skrūvgriezis
destornillador
kabatas lukturītis
lámpara de mes
uzgriežņu atslēga
llave de tuercas

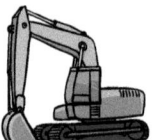

ekskavators

excavadora

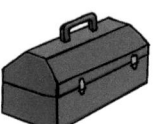

instrumentu kaste

caja de herramientas

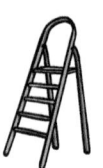

kāpnes

escalerilla

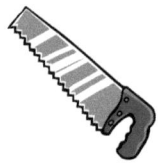

zāģis

serrucho

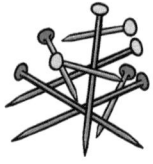

naglas

clavos

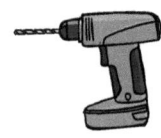

urbis

taladro

remontēt

reparar

lāpsta

pala

Velns!

¡Maldición!

liekšķere

recogedor

krāsas bundža

lata de pintura

skrūves

tornillos

mūzikas instrumenti
instrumentos musicales

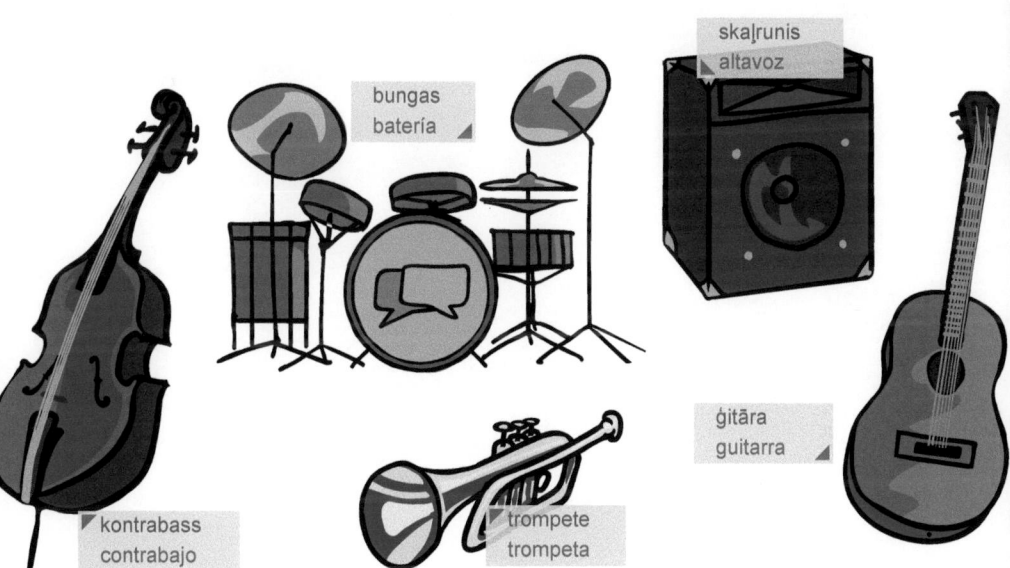

skaļrunis
altavoz

bungas
batería

kontrabass
contrabajo

trompete
trompeta

ģitāra
guitarra

klavieres

piano

vijole

violín

bass

bajo

timpāni

timbales

bungas

tambor

digitālās klavieres

teclado

saksofons

saxofón

flauta

flauta

mikrofons

micrófono

ieeja
entrada

tīģeris
tigre

būris
jaula

zebra
cebra

dzīvnieku barība
comida para animales

panda
panda

dzīvnieki

animales

zilonis

elefante

ķengurs

canguro

degunradzis

rinoceronte

gorilla

gorila

lācis

oso

kamielis

camello

strauss

avestruz

lauva

león

pērtiķis

mono

flamings

flamengo

papagailis

papagayo

polārlācis

oso polar

pingvīns

pingüino

haizivs

tiburón

pāvs

pavo real

čūska

serpiente

krokodils

cocodrilo

zoodārza sargs

cuidador del zoológico

ronis

foca

jaguārs

jaguar

ponijs

pony

leopards

leopardo

nīlzirgs

hipopótamo

žirafe

jirafa

ērglis

águila

meža cūka

jabalí

zivs

pescado

bruņurupucis

tortuga

valzirgs

morsa

lapsa

zorro

gazele

gacela

amerikāņu futbols
fútbol americano

riteņbraukšana
ciclismo

teniss
tenis

basketbols
baloncesto

peldēšana
natación

hokejs
hockey sobre hielo

bokss
boxeo

futbols
fútbol

badmintons
badminton

vieglatlētika
atletismo

rokas bumba
balonmano

slēpošana
esquí

polo
polo

darbības
actividades

smieties
reír
lēkt
saltar
apskaut
abrazar
iet
caminar
dziedāt
cantar
sapņot
soñar
lūgt
rezar
skūpstīt
besar

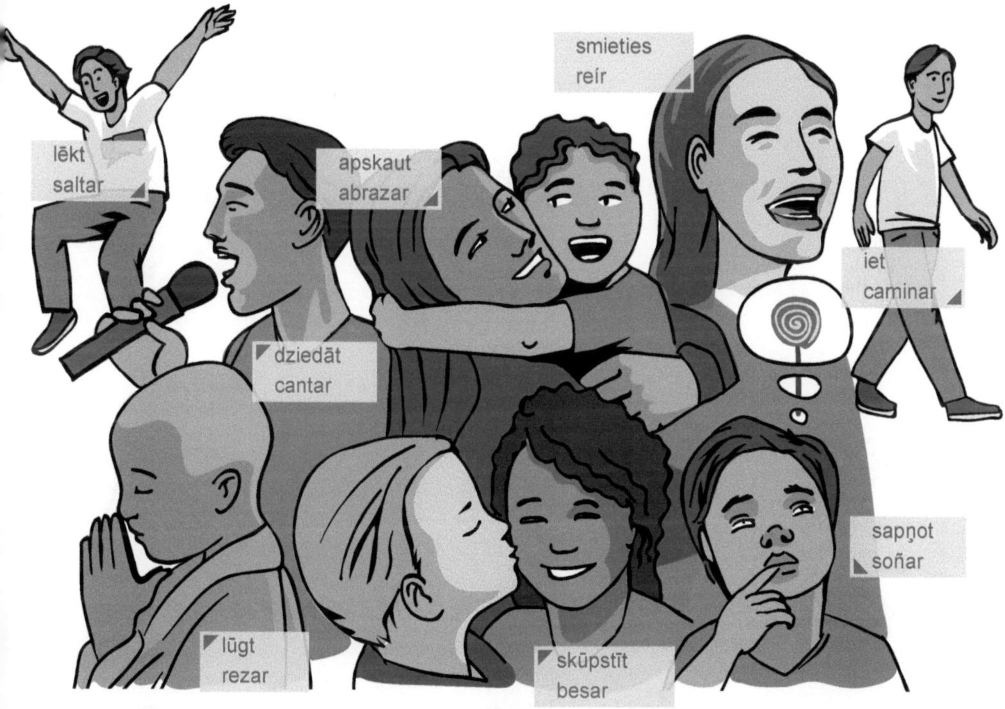

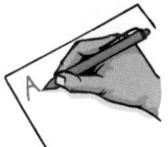

rakstīt

escribir

zīmēt

dibujar

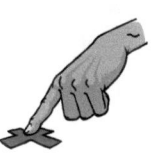

rādīt

mostrar

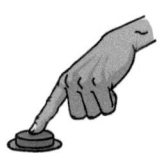

spiest

presionar

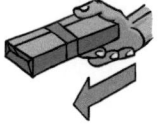

dot

dar

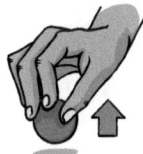

ņemt

tomar

būt
tener

darīt
hacer

būt
ser

stāvēt
estar de pie

skriet
correr

vilkt
tirar

mest
arrojar

krist
caer

gulēt
estar acostado

gaidīt
esperar

nest
llevar

sēdēt
estar sentado

uzģērbt
vestirse

gulēt
dormir

pamosties
despertar

skatīties

mirar

raudāt

llorar

glāstīt

acariciar

ķemmēt

peinarse

runāt

conversar

saprast

entender

jautāt

preguntar

dzirdēt

oír

dzert

beber

ēst

comer

sakārtot

asear

mīlēt

amar

vārīt

cocinar

braukt

conducir

lidot

volar

darbības - actividades

burot

navegar

rēķināt

calcular

lasīt

leer

mācīties

aprender

strādāt

trabajar

precēties

casarse

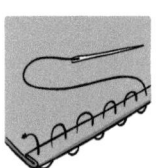

šūt

coser

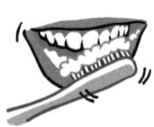

tīrīt zobus

limpiarse los dientes

nogalināt

matar

smēķēt

fumar

sūtīt

enviar

vecāmāte
abuela

vectēvs
abuelo

tēvs
padre

māte
madre

mazulis
bebé

meita
hija

dēls
hijo

viesis
....
invitado

tante
....
tía

onkulis
....
tío

brālis
....
hermano

māsa
....
hermana

ķermenis
cuerpo

piere
frente
acs
ojo
plecs
hombro
pirksts
dedo
seja
cara
zods
barbilla
roka
mano
kāja
pierna
krūtis
pecho
roka
brazo

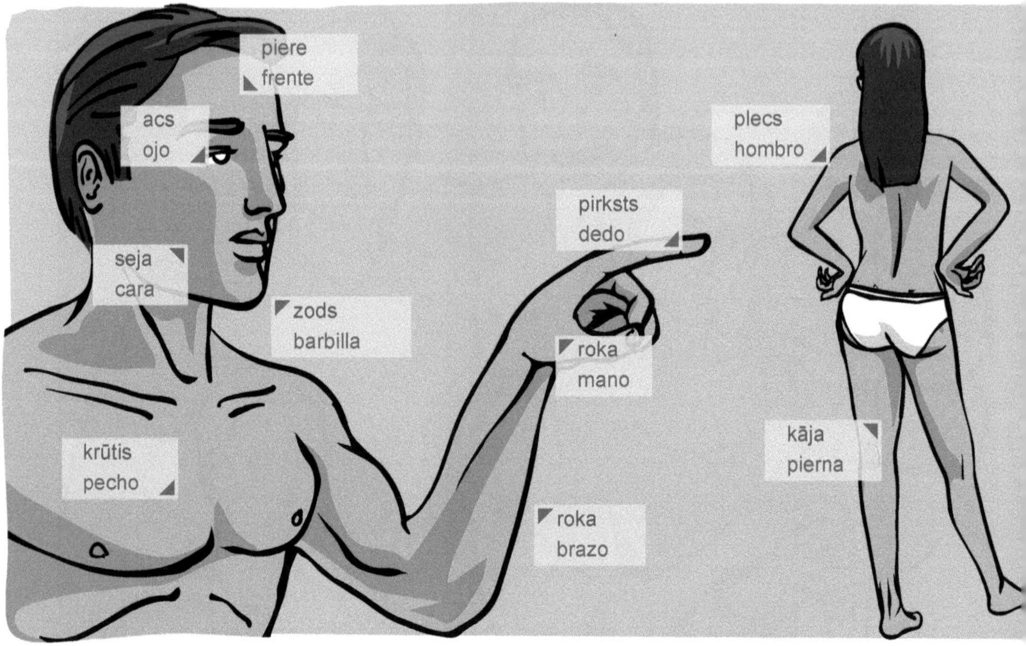

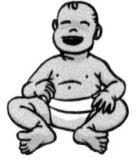

mazulis

bebé

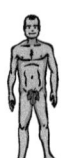

vīrietis

hombre

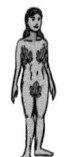

sieviete

mujer

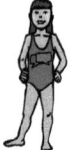

meitene

muchacha

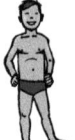

zēns

joven

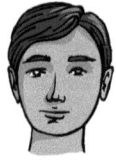

galva

cabeza

mugura

espalda

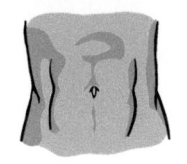

vēders

vientre

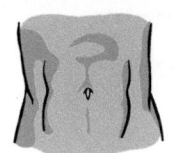

naba

ombligo

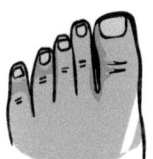

kājas pirksts

dedo del pie

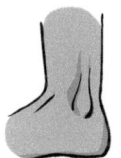

papēdis

talón

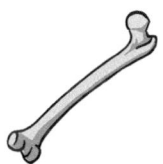

kauls

hueso

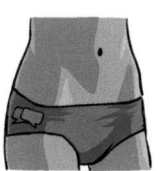

gurns

cadera

celis

rodilla

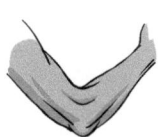

elkonis

codo

deguns

nariz

dibens

trasero

āda

piel

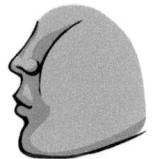

vaigs

mejilla

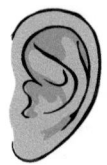

auss

oreja

lūpa

labio

mute
boca

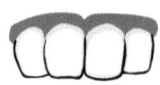

zobs
diente

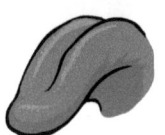

mēle
lengua

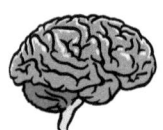

smadzenes
cerebro

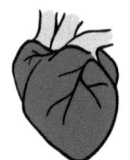

sirds
corazón

muskulis
músculo

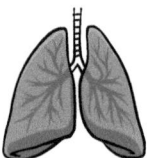

plaušas
pulmón

aknas
hígado

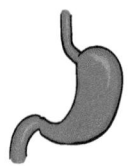

kuņģis
estómago

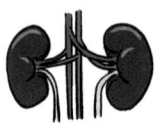

nieres
riñones

dzimumakts
relación sexual

kondoms
condón

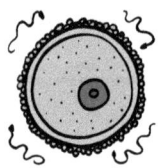

olšūna
Óvulo

sperma
esperma

grūtniecība
embarazo

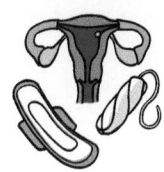

menstruācijas

menstruación

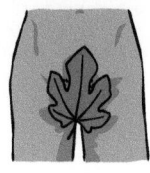

vagīna

vagina

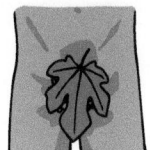

penis

pene

uzacs

ceja

mati

cabello

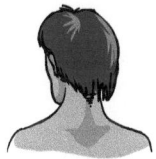

kakls

cuello

slimnīca

hospital

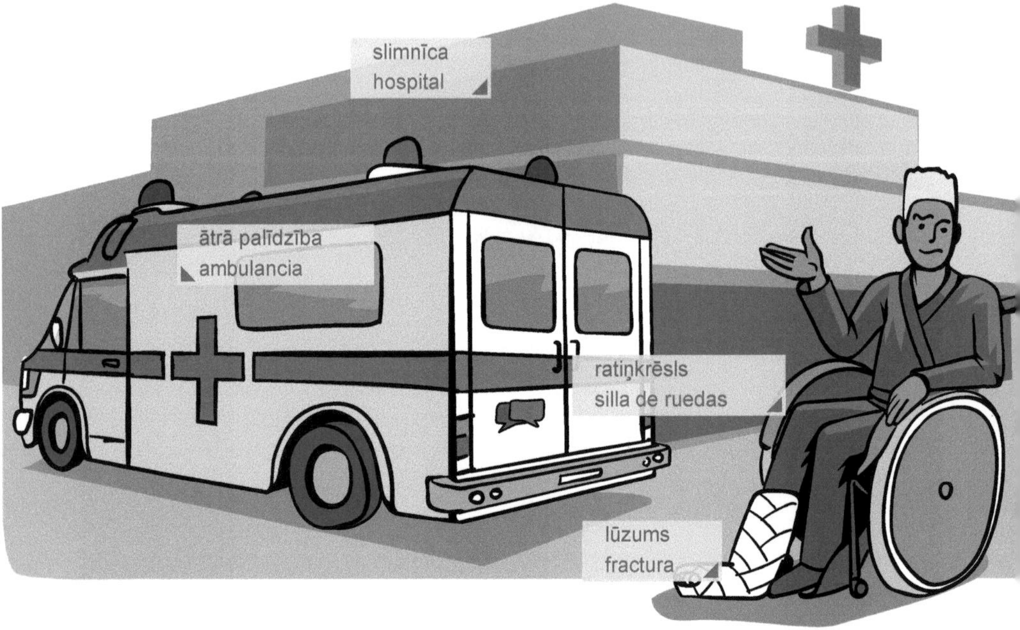

slimnīca
hospital
ātrā palīdzība
ambulancia
ratiņkrēsls
silla de ruedas
lūzums
fractura

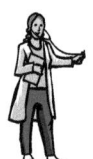

ārsts

médico

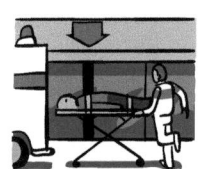

neatliekamās palīdzības nodaļa

admisión de urgencia

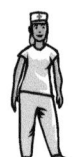

medmāsa

enfermera

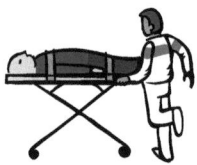

ārkārtas gadījums

emergencia

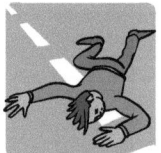

paģībis

inconsciente

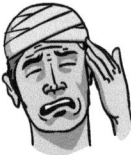

sāpes

dolor

ievainojums

lesión

asiņošana

hemorragia

sirdslēkme

infarto de miocardio

insults

apoplejía cerebral

alerģija

alergia

klepus

tos

temperatūra

fiebre

gripa

gripe

caureja

diarrea

galvassāpes

dolor de cabeza

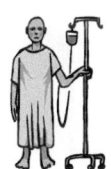

vēzis

cáncer

diabēts

diabetes

ķirurgs

cirujano

skalpelis

escalpelo

operācija

operación

datortomogrāfija
TC

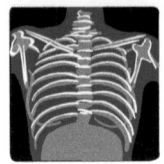

rentgents
rayos X

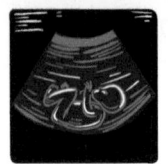

ultraskaņa
ultrasonido

sejas maska
máscara

slimība
enfermedad

uzgaidāmā telpa
sala de espera

kruķis
muleta

plāksteris
emplasto

apsējs
vendaje

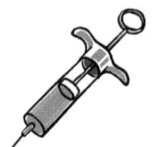

injekcija
inyección

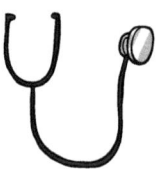

stetoskops
estetoscopio

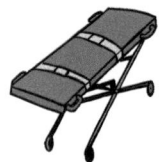

nestuves
camilla

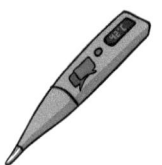

termometrs
termómetro

dzemdības
nacimiento

liekais svars
sobrepeso

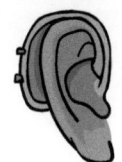

dzirdes aparāts

audífono

dezinfekcijas līdzeklis

desinfectante

infekcija

infección

vīruss

virus

HIV / AIDS

VIH / SIDA

zāles

medicina

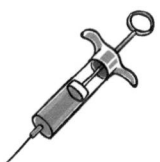

pote

vacunación

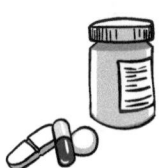

tabletes

comprimido

pretapaugļošanās tablete

píldora anticonceptiva

ārkārtas izsaukums

llamada de emergencia

asinsspiediena mērītājs

medidor de presión arterial

slims / vesels

enfermo / saludable

Palīgā!

¡Ayuda!

trauksme

alarma

uzbrukums

asalto

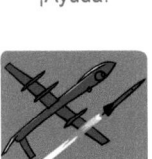

uzbrukums

ataque

bīstamība

peligro

avārijas izeja

salida de emergencia

Uguns!

¡Fuego!

ugunsdzēšamais aparāts

extintor

negadījums

accidente

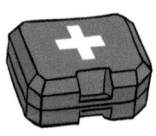

pirmās palīdzības aptieciņa

kit de primeros auxilios

SOS

SOS

policija

Policía

Eiropa

Europa

Ziemeļamerika

América del Norte

Dienvidamerika

América del Sur

Āfrika

África

Āzija

Asia

Austrālija

Australia

Atlantijas okeāns

Atlántico

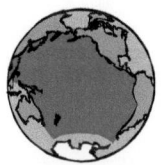

Klusais okeāns

Pacífico

Indijas okeāns

Océano Índico

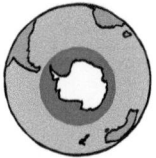

Dienvidu okeāns

Océano Antártico

Ziemeļu ledus okeāns

Océano Ártico

Ziemeļpols

Polo Norte

Dienvidpols

Polo Sur

Antarktika

Antártida

zeme

Tierra

zeme

país

jūra

mar

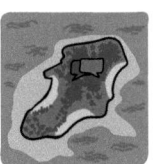

sala

isla

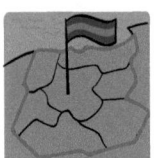

nācija

nación

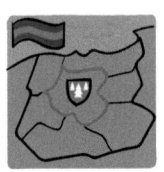

valsts

Estado

ciparnīca

cuadrante

stundu rādītājs

horario

minūšu rādītājs

minutero

sekunžu rādītājs

segundero

Cik ir pulkstenis?

¿Qué hora es?

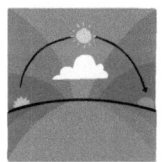

diena

día

laiks

tiempo

tagad

ahora

digitālais pulkstenis

reloj digital

minūte

minuto

stunda

hora

nedēļa

semana

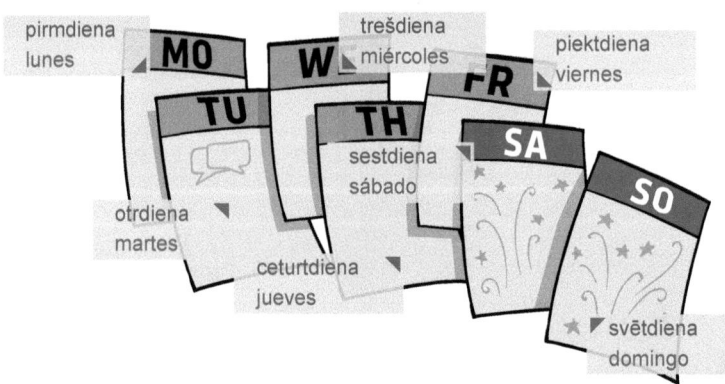

pirmdiena / lunes (MO)
otrdiena / martes (TU)
trešdiena / miércoles (W)
ceturtdiena / jueves (TH)
piektdiena / viernes (FR)
sestdiena / sábado (SA)
svētdiena / domingo (SO)

vakardien
ayer

šodien
hoy

rītdien
mañana

rīts
mañana

pusdienlaiks
mediodía

vakars
tarde

darbadienas
jornada de trabajo

brīvdienas
fin de semana

lietus
lluvia

varavīksne
arco iris

sniegs
nieve

vējš
viento

pavasaris
primavera

rudens
otoño

vasara
verano

ziema
invierno

4.APRIL	11°	☀
5.APRIL	4°	☁
6.APRIL	13°	☂
7.APRIL	8°	❄
8.APRIL	10°	☀

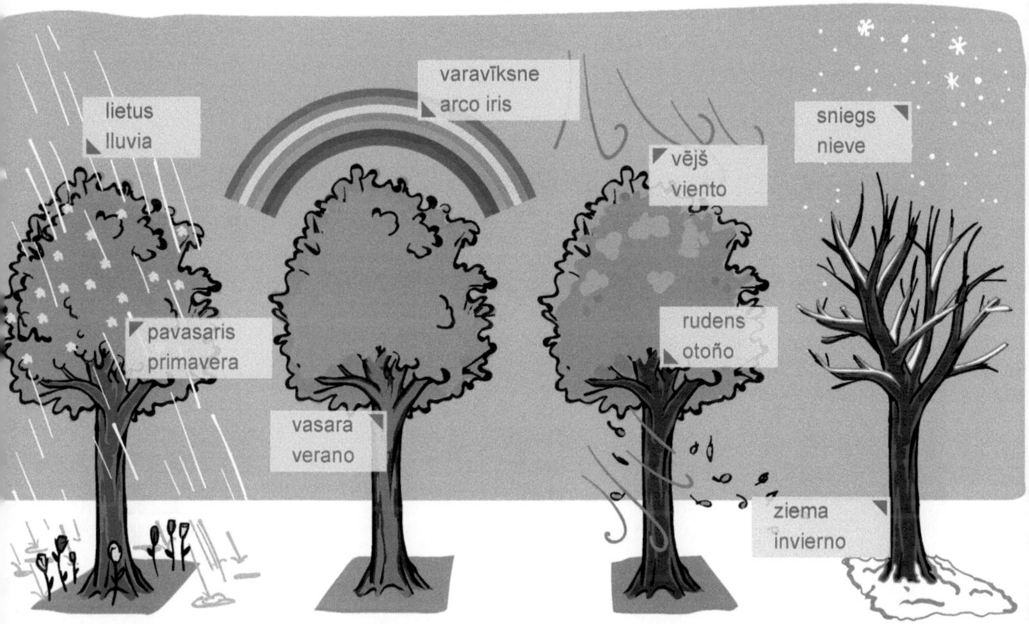

laika prognoze

pronóstico meteorológico

termometrs

termómetro

saules gaisma

luz solar

mākonis

nube

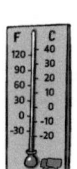

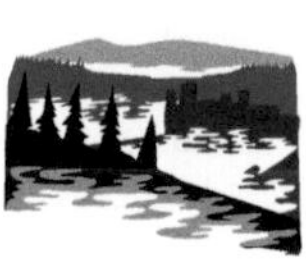

migla

niebla

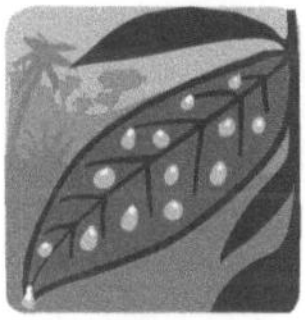

gaisa mitrums

humedad ambiente

zibens

relámpago

pērkons

trueno

vētra

tormenta

krusa

granizo

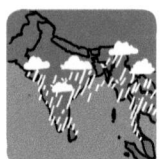

musons

monzón

plūdi

inundación

ledus

hielo

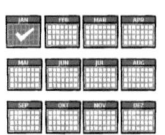

janvāris

enero

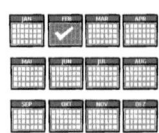

februāris

febrero

marts

marzo

aprīlis

abril

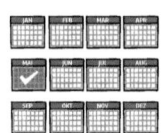

maijs

mayo

jūnijs

junio

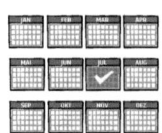

jūlijs

julio

augusts

agosto

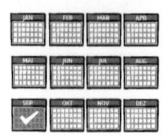

septembris
....
septiembre

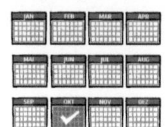

oktobris
....
octubre

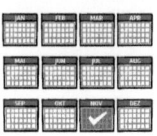

novembris
....
noviembre

decembris
....
diciembre

aplis
....
círculo

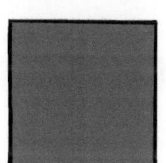

kvadrāts
....
cuadrado

četrstūris
....
rectángulo

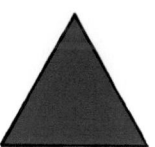

trīsstūris
....
triángulo

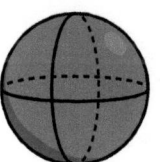

lode
....
esfera

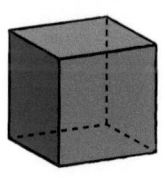

kubs
....
cubo

krāsas
colores

balts
blanco

dzeltens
amarillo

oranžs
anaranjado

sārts
rosa

sarkans
rojo

lillā
lila

zils
azul

zaļš
verde

brūns
marrón

pelēks
gris

melns
negro

daudz / maz

mucho / poco

saniknots / miermīlīgs

enojado / calmado

skaists / neglīts

bonito / feo

sākums / beigas

comienzo / fin

liels / mazs

grande / pequeño

gaišs / tumšs

claro / oscuro

brālis / māsa

hermano / hermana

tīrs / netīrs

limpio / sucio

pilnīgs / nepilnīgs

completo / incompleto

diena / nakts

día / noche

miris / dzīvs

muerto / vivo

plats / šaurs

ancho / angosto

baudāms / nebaudāms

disfrutable / no disfrutable

nikns / laipns

malo / amigable

satraukts / garlaikots

excitado / aburrido

resns / tievs

gordo / delgado

pirmais /pēdējais

primero / último

draugs / ienaidnieks

amigo / enemigo

pilns / tukšs

lleno / vacío

ciets / mīksts

duro / suave

smags / viegls

pesado / liviano

izsalkums / slāpes

hambre / sed

slims / vesels

enfermo / saludable

nelegāls / legāls

ilegal / legal

inteliģents / dumjš

inteligente / tonto

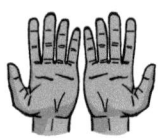

kreisais / labais

izquierda / derecha

tuvu / tālu

cercano / lejano

jauns / lietots

nuevo / usado

nekas / kaut kas

nada / algo

vecs / jauns

viejo / joven

ieslēgts / izslēgts

encendido / apagado

atvērts / slēgts

abierto / cerrado

kluss / skaļš

bajo / fuerte

bagāts / nabags

rico / pobre

pareizi / nepareizi

correcto / incorrecto

raupjš / gluds

áspero / liso

noskumis / laimīgs

triste / alegre

īss / garš

breve / extenso

lēns / ātrs

lento / veloz

slapjš / sauss

mojado / seco

silts / vēss

caliente / frío

karš / miers

guerra / paz

0

nulle

cero

1

viens

uno

2

divi

dos

3

trīs

tres

4

četri

cuatro

5

pieci

cinco

6

seši

seis

7

septiņi

siete

8

astoņi

ocho

9

deviņi

nueve

10

desmit

diez

11

vienpadsmit

once

12

divpadsmit

doce

13

trīspadsmit

trece

14

četrpadsmit

catorce

15

piecpadsmit

quince

16

sešpadsmit

dieciséis

17

septiņpadsmit

diecisiete

18

astoņpadsmit

dieciocho

19

deviņpadsmit

diecinueve

20

divdesmit

veinte

100

simts

cien

1.000

tūkstotis

mil

1.000.000

miljons

millón

angļu

inglés

amerikāņu angļu

inglés estadounidense

ķīniešu mandarīnu valoda

chino mandarín

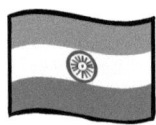

hindi

hindi

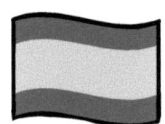

spāņu

español

franču

francés

arābu

árabe

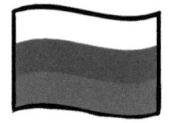

krievu

ruso

portugāļu

portugués

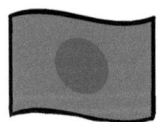

bengāļu

bengalí

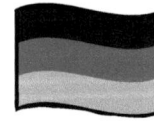

vācu

alemán

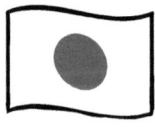

japāņu

japonés

es
yo

tu
tú

viņš / viņa
él / ella

mēs
nosotros

jūs
vosotros

viņi / viņas
ellos

kas?
¿quién?

ko?
¿qué?

kā?
¿cómo?

kur?
¿dónde?

kad?
¿cuándo?

vārds
nombre

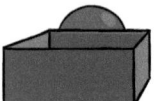

aiz
detrás

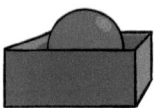

iekšā
en

priekšā
delante de

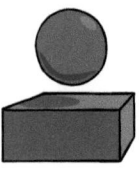

virs
encima de

uz
sobre

zem
debajo de

blakus
junto a

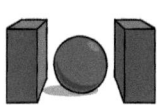

starp
entre

vieta
lugar